Couvertures supérieure et inférieure en couleur

J. BARBEY D'AUREVILLY

AMAÏDÉE

POÈME EN PROSE

PARIS

ALPHONSE LEMERRE, ÉDITEUR

23-31, PASSAGE CHOISEUL, 23-31

M·DCCC·XC

LIBRAIRIE ALPHONSE LEMERRE

ŒUVRES

DE

JULES BARBEY D'AUREVILLY

Édition petit in-12, pap. vélin (Petite Bibliothèque littéraire)

L'Ensorcelée. 1 vol. avec portrait . . . . 6 fr.
Une vieille Maîtresse. 2 vol. . . . . 10 fr.
Le Chevalier des Touches. 1 vol. . . . . 6 fr.
Le Prêtre marié. 2 vol. . . . . 10 fr.
Les Diaboliques. 1 vol. . . . . 6 fr.
L'Amour impossible. — *La Bague d'Annibal*. 1 vol. 6 fr.
Du Dandysme. — *Memoranda*. 1 vol. . . . . . . 6 fr.
Ce qui ne meurt pas. 2 vol. . . . . 10 fr.
Une Histoire sans Nom. — *Une Page d'Histoire*. 1 v. 6 fr.
6 Eaux-fortes dessinées et gravées par FÉLIX BUHOT, pour illustrer *le Chevalier des Touches*. Prix. 10 fr.
7 Eaux-fortes dessinées et gravées par FÉLIX BUHOT, pour illustrer *l'Ensorcelée*. Prix. . . . . . . 10 fr.
11 Eaux-fortes dessinées et gravées par FÉLIX BUHOT, pour illustrer la *Vieille Maîtresse*. Prix . . 15 fr.
10 Eaux-fortes dessinées et gravées par FÉLICIEN ROPS, pour illustrer *les Diaboliques*. Prix . . . . . 15 fr.

Éditions diverses :

UNE HISTOIRE SANS NOM, 1 vol. in-18 . . . . . 3 50
CE QUI NE MEURT PAS. 1 vol. in-18 . . . . . . 3 50
PENSÉES DÉTACHÉES. — *Fragments sur les femmes*. 1 vol. in-18. . . . . 2 fr.
DU DANDYSME ET DE GEORGES BRUMMEL. 1 vol. petit in-12, papier teinté avec portraits de Brummel et de l'auteur, à vingt ans 3 50
UNE PAGE D'HISTOIRE (1603). 1 vol. petit in-12 avec deux eaux-fortes. . . . . 1 fr.
AMAÏDÉE, *poème en prose*. 1 vol. . . . . 2 fr.

AMAÏDÉE

Tous droits réservés.

J. BARBEY D'AUREVILLY

AMAÏDÉE

POÈME EN PROSE

PARIS
ALPHONSE LEMERRE, ÉDITEUR
23-31, PASSAGE CHOISEUL, 23-31

M DCCC XC

PRÉFACE

PRÉFACE

E *poème en prose d'Amaïdée se rattache à la première jeunesse du maître écrivain qui devait nous donner un jour la* Vieille Maîtresse *et le* Chevalier Des Touches. *C'est un fragment et de brève dimension, mais qui a déjà son histoire. L'unique copie dont les amis de* M. *Barbey d'Aurevilly eussent connaissance provenait du fidèle Trebutien (qui se fit, comme on sait, par enthousiasme d'affection, l'éditeur de la* Bague d'Annibal, *du* Dandysme, *des* Poésies, *des* Prophètes du Passé,

des Rythmes oubliés, des Memoranda). Ce dévot d'amitié l'avait communiquée à Sainte-Beuve, lors de la publication des lettres de Maurice et d'Eugénie de Guérin. A la vente du célèbre critique, un M. Paradis acheta le manuscrit. Ce collectionneur mourut lui-même et Amaïdée passa dans les mains d'un inconnu. Comme, d'autre part, les papiers de Trebutien ne portaient pas trace de l'original, on croyait ce fragment perdu sans retour.

Un appel fait dans le Figaro au possesseur actuel était resté infructueux, lorsque la nièce du premier dépositaire découvrit, dans un des cartons pieusement conservés depuis la mort de son oncle, un cahier sans signature, étiqueté de ce nom romantique. Elle se souvint d'avoir lu dans un journal que M. d'Aurevilly recherchait cette œuvre d'adolescence et lui envoya le mystérieux cahier. Et voilà comment ces pages, écrites avant 1840, paraissent aujourd'hui seulement que leur auteur est devenu célèbre et pour des travaux bien différents de ce premier essai.

Il était important de rappeler ce petit fait pour que le lecteur de ce poème pût se replacer, afin de le mieux juger, dans l'état d'esprit où vivait le jeune homme qui l'écrivit, et qui se cherchait à travers toutes les fièvres de la génération d'alors. C'était l'époque où l'âme française venait de découvrir la mystérieuse poésie du Nord, — Byron et Jean-Paul, Shakespeare et Gœthe, — l'époque où la prose magique de Chateaubriand, les vers brillants de Lamartine et les rêveries de Lélia enchantaient les âmes, et déjà le siècle qui devait finir par de si cruelles banqueroutes semblait pressentir les futurs désastres par un je ne sais quoi d'angoissé même dans sa première espérance. Il y avait bien de la confusion dans les têtes d'alors, mais aussi bien de la noblesse. Un peu de toutes les ardeurs troublées de cet âge se respire dans le poème qu'on va lire. Le choix seul des noms suffirait à en dater la composition. L'auteur, qui s'est peint lui-même tel qu'il se rêvait en ces temps-là, s'est appelé Altaï. Son ami de collège, le poète du Centaure, Maurice de Guérin, est nommé Somegod (Quelque Dieu!) et la femme qui traverse le récit et qui est une « fille de race déchue », comme eût dit le Sainte-Beuve de Volupté, une « Chananéenne », est désignée par le nom qui donne son titre au morceau : Amaïdée. Ajoutons que d'après les confidences de M. d'Aurevilly lui-même, une aventure réelle sert de base à ce récit, un de ces essais de réhabilitation, songe naïf de tous les artistes jeunes ; mais cette aventure *a été poétisée, comme on va voir, avec une telle fantaisie d'imagination, que rien de réel ne s'y retrouve, — que les sentiments de deux amis et la palpitation de leur cœur.*

La scène, qui se passe dans un paysage magnifiquement décrit, se trouve donc développée dans des conditions de vie matérielle à faire sourire les analystes d'aujourd'hui. Mais ce qui ne les fera pas sourire, ce qui les rendra songeurs et tristes, c'est le contraste entre les fières aspirations des jeunes gens de cette déjà lointaine époque et la lassitude découragée de ceux d'à présent, — contraste rendu comme palpable par les discours que se tiennent l'un à l'autre ce Somegod et cet Altaï. Cela est parfois bien naïf d'exaltation juvénile, mais c'est aussi parfois très beau de vibration profonde, et je ne connais pas beaucoup de morceaux plus éloquents que celui où le Panthéisme de Guérin se trouve expliqué. Lisez seulement ces lignes : « Posséder ! crie du fond téné-
« breux de nous-même une grande voix désolée et
« implacable. Posséder ! dût-on tout briser de l'idole,
« tout flétrir et d'elle et de soi ! Mais comment possé-
« der la Nature ? A-t-elle des flancs pour qu'on la
« saisisse ? Dans les choses, y a-t-il un cœur qui
« réponde au cœur que dessus l'on pourrait briser ?... »

Ne trouvez-vous pas que le grand écrivain est déjà là tout entier dans des phrases pareilles ? Elles abondent dans Amaïdée. *Ne valait-il pas la peine de les tirer de l'oubli, elles et toute cette œuvre si curieusement significative, que je ne déflorerai pas en la commentant ? J'ai voulu seulement inviter les fidèles du maître à regarder cette toile de sa première manière sous son vrai jour. Elle s'expliquera mieux encore si jamais M. d'Aurevilly se décide à publier le journal de sa jeunesse, qu'il tient en réserve et qui donne la clef de tous ses livres.*

PAUL BOURGET

Février 1889.

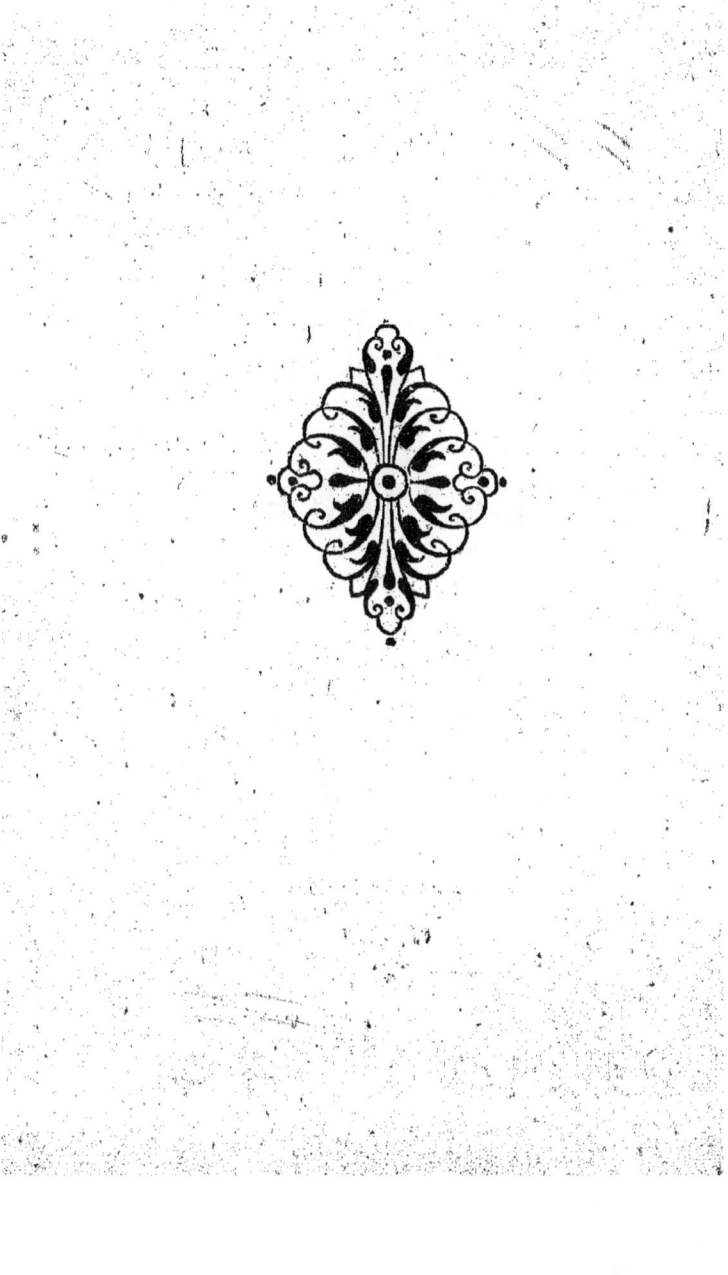

AMAÏDÉE

A MADEMOISELLE TREBUTIEN

Mademoiselle,

EN vous offrant ces quelques pages, je ne fais que vous les restituer, et j'aime à y attacher le nom de l'ami des meilleures années de ma vie, de celui à qui je dois le plus.

Que la fillette de ce temps-là les accepte comme un héritage d'amitié, — le plus rare et le plus noble des héritages !

Février 1889.

J. B. D'A...

... Notre âme affamée, hélas ! n'est assouvie
Que de souffle et de pleurs ensemble ou tour à tour.
Pleurer et respirer, lequel est plus la vie ?
Pleurer et respirer, lequel est plus l'amour ?
Pleurer et respirer, que vous êtes vulgaires ! —
Mais, nectar ou poison, Dieu vous fit enivrants,
Pour que l'homme se plût dans ces sources amères,
      Comme Hylas au sein des torrents !

(Inédit.)

AMAÏDÉE

I

Un soir, le poète Somegod était assis à sa porte sur la pierre qu'il avait roulée près du seuil. Le soleil, comme un guerrier antique dont on verrait briller l'armure d'or à travers sa tente, le soleil lançait plus d'un oblique rayon de son pavillon de carmin, avant de se coucher dans l'Océan semé d'îles, ce magnifique lit de repos que Dieu fit pour lui d'un élément, et étendit au bout du ciel comme une gigantesque peau de tigre à l'usage de ses flancs lassés. Les laboureurs dételaient aux portes des fermes ; de jeunes hommes, bruns et beaux comme des Actéons, poussaient les chevaux aux abreuvoirs. Les campagnes, couvertes de blés jaunissants et de haies fleuries, tiédissaient des dernières lueurs, et des derniers murmures de chaque buisson lointain, de chaque bleuâtre colline, montait un chant d'oiseau ou de voix humaine dont le vent apportait et mêlait les débris avec la fleur des châtaigniers et la feuille roussie et détachée du chêne. La vie de l'homme redoublait ainsi la vie profonde du paysage. Au pied de la falaise, où la Nature avait creusé un havre pour les vaisseaux en détresse, les pêcheurs traînaient leur barque sur la grève, le dos tourné à l'Occident splendide qu'ils n'interrogeaient pas pour le lendemain. La dernière voile, blondie par le soleil couchant, que l'on eût pu suivre à l'horizon, venait de disparaître, comme un cap enfin surmonté, derrière une vague luisante et indéfinie, et la mer rêveuse restait là, le sein sans soupirs et tout nud, comme une femme qui a détaché sa ceinture et rejeté son bouquet pour dormir.

Quelques mouettes s'abritaient au toit de la maison du poète Somegod, bâtie sur la pente de la falaise. Pauvre maison, dont le ciment tenait à peine et le toit pendait à moitié, maison qui n'était qu'un abri au poète comme à la mouette sauvage. « Aux hommes mortels — disait Somegod — et aux oiseaux qui passent, faut-il donc plus que des abris ? » Le toit fragile branlait aux aspérités du roc éternel, ainsi l'espérance en l'âme immortelle, cette frêle richesse des justes, a parfois pour base la vertu. Hélas! si fragile qu'il fût, bien des générations de mouettes y remplaceraient celles qui, lasses du vol et de la mer, y venaient sécher leurs ailes trempées, et cette chose rare et grande, et qui dure peu, un Poète, aurait bien après Somegod le temps d'y revenir!

Une vigne, que l'air marin avait frappée d'aridité, tordue aux contours de la porte de Somegod, semblait une de ces couronnes que l'on appendait au seuil des Temples anciens et qui s'y était flétrie, comme un don méprisé par les Dieux. Somegod était assis au pied. L'âpre souffle qui s'élevait de l'Océan avec les vapeurs des brisants agitait ses noirs cheveux sur son front, en même temps si doux et si farouche, comme la double nature de tous ces faons blessés et qui fuient emportant le roseau empenné dans les bois. — Mais souvent après ce vent mordant et froid, ce vent habituel des rivages, des terres cultivées et des collines parfumées qui s'étendaient à la gauche de la falaise, une haleine plus douce lui venait, comme si la Nature se fût repentie, comme si, apaisée par de l'amour, elle avait eu peur de toucher trop fort son délicat et bel Alcibiade, qui n'avait pas, comme l'autre, jeté sa flûte dans les fontaines, mais qui l'avait gardée pour elle.

Un jour, il était venu des villes — on ne savait d'où — et il s'était retiré sous ce chaume désert et depuis longtemps abandonné, comme un oiseau de plus au milieu de tous ceux qui posaient leurs pieds sur cette falaise où il avait trouvé son nid, — nid sans œufs et sans douce couvée; car, plus sauvage que les aigles eux-mêmes, Somegod n'avait pas de compagne qui lui peuplât sa solitude. Si quelque jeune fille des pêcheurs, quelque belle et hardie créature, libre comme l'air vif de la montagne, bondissante et pure comme la mer, blonde comme les grèves environnantes, passait près de lui aux pentes de la falaise, aux sinuosités de la baie, Somegod ne relevait pas la tête. Il s'en allait lentement et sans but, courbé déjà comme un homme plein de jours et d'expérience. On aurait dit que la jeunesse lui avait été donnée en vain.

Quand les hommes cherchent la solitude, quand on les voit se rejeter au sein quitté de la Nature, on les juge d'abord malheureux. Peut-être ce jugement n'est-il pas trop stupide pour le monde; car jamais la Nature n'est plus belle que quand nous avons le cœur brisé. Mais le mystère, l'éternel mystère, c'est la Douleur, cet ange à l'épée flamboyante, qui nous pousse du monde au désert et de la vie à la Nature, et qui s'assied à l'entrée de notre âme pour nous empêcher d'y rentrer si nous ne voulons périr! C'est cette douleur que les hommes n'ont pas vue qu'à la face, et c'est le nom de cette douleur que les hommes ignoraient en Somegod.

Ainsi, Somegod avait souffert, sans doute, mais tant de choses font souffrir dans la vie qu'on n'aurait osé dire de quoi cette âme avait été atteinte. Ah! la tunique restait en plis gracieux sur cette poitrine et en gardait bien le secret. D'ailleurs, que ce soit pour l'empire, l'amour ou la gloire, que nous tarissons nos âmes en soupirs, ils résonnent la même harmonie, — ce ne sont tous que des soupirs, et Dieu seul ne les confond pas.

Mais que ce fût orgueil, oubli, force ou faiblesse, Somegod avait dompté les pensées de sa première jeunesse. Les passions trompées ou invaincues ne se trahissaient pas à ses lèvres dans ces languissants sourires qui ne sont plus même amers, tant ils disent bien la vie, tant on est allé au fond des choses! Nulle flamme âcre et coupable ne brillait dans ses longs yeux noirs, qui n'étaient sombres qu'à force de profondeur, et que jamais la Volupté et le Doute, ces deux énervations terribles, ne lui faisaient voiler à demi entre ses paupières rapprochées, regard de femme, de serpent et de mourant tout ensemble, et que vous aviez, ô Byron! L'habituelle tristesse de son visage n'était pas une tristesse humaine. Elle n'était humaine qu'en tant qu'elle était tristesse; car les plus grandes sont encore de nous!

A quoi rêvait-il, le Poète, ce soir-là, assis sur son granit triangulaire, informe trépied pour la Muse, tout ce qui reste à cette grande exilée du monde de son vieux culte de Déesse : une pierre rongée de chryste marine et de mousse au bord de l'Océan et au fond des bois, — et de loin en loin quelques poitrines ?... Pourquoi Somegod, à cette heure sacrée, n'avait-il pas sa harpe entre ses genoux nerveux, ne fût-ce que pour y appuyer sa tête inclinée et écouter le vent du ciel et de l'onde soupirer, en passant à travers les cordes ébranlées, l'agonie du jour? Ah! c'est qu'une harpe manquait à Somegod, qu'elle manque à tous, et qu'elle n'est qu'un gracieux symbole. Les Poètes passent dans la vie les mains oisives, ne sachant les poser que sur leurs cœurs ou à leurs fronts, d'où ils tirent seulement quelques douces paroles que parfois la Justice de Dieu fait immortelles.

Non! le Poète ne rêvait pas à cette heure. Il parlait, et ce n'était plus par mots entrecoupés comme il lui en échappait souvent dans le silence, quand, ivre de la Nature et de la Pensée, il versait des pleurs sur les sables qu'il foulait en chancelant, et qu'il répandait son âme à ses pieds comme une femme, folle de volupté ou de douleur, y répandrait sa chevelure. Les paroles qu'il disait, il ne s'en soulageait pas. Elles n'étaient point de ces grandes irruptions de l'âme infinie dans l'espace immense, domaine dont, comme les Dieux d'Homère, en trois pas, elle a fait le tour. Ces paroles étaient bonnes et hospitalières, pleines de sincérité et d'affection; il les adressait à un homme encore dans la fleur de la vie, quand vingt-cinq ans la font pencher un peu sous le trop mûr épanouissement. — Celui-ci était debout, une main étendue sur les anfractuosités du rocher contre lequel il était appuyé et qu'il dominait de tout le buste, buste mince et pliant comme celui d'une femme, enveloppe presque immatérielle des passions qui semblaient l'avoir consumé. Il tenait d'une main un bâton de voyage semblable à celui que les mendiants, les seuls pèlerins de notre âge, ont l'habitude de porter, et dont il tourmentait rêveusement le sol.

— « Te voilà donc, Altaï! — lui disait Somegod. — C'est bien toi! Un peu plus avancé dans la vie, après deux ans que nous ne nous sommes revus, après les siècles de ces quelques jours! Te voilà revenu à Somegod, te voilà cherchant le Poète et sa solitude. Va! je ne t'avais point oublié. Tu n'es point de ceux qu'on oublie. Quand, il y a trois heures, tu descendais la plus lointaine de ces collines que le soleil couvrait de ses ruissellements d'or, je t'ai reconnu, ô Altaï! Je t'ai bien reconnu à ta démarche, à la manière dont tu portais la tête, à la fierté calme et jamais démentie de tes mouvements. Je me suis dit : « C'est Altaï qui descend là-bas la colline; c'est lui qui revient trouver Somegod, le poète, le rêveur, le défaillant. » Et j'ai éprouvé jusque dans la moelle de mes os une joie secrète, quelque chose de véhément et d'intime comparable, sans doute, à ce qu'éprouvent les hommes capables d'amitié, et j'ai mieux compris dans cet élan de mon âme à toi ces sentiments qu'avant de te connaître je me croyais interdits. Je me suis levé de cette pierre où je passe une partie de mes jours et j'ai pris mon bâton blanc derrière ma porte, et j'ai descendu plus vitement la falaise que la jeune fille qui va voir débarquer son père le pêcheur, après une absence de sept nuits. Je me suis arrêté plusieurs fois pour te regarder venir. Je cherchais à démêler de si loin dans ton allure et tes attitudes le travail de ces deux ans écoulés! Mais tu n'avais pas plus changé qu'un marbre sur un piédestal, ton pied contempteur de la terre la foulait toujours avec le même mépris, et comme autrefois tu portais légèrement la fatigue et le poids du soleil, et dans la route comme dans la vie, tu ne te reposais pas pour boire aux fossés et cueillir des églantines aux buissons.

« C'était toi! c'était bien toi! Mais tu n'étais plus seul, Altaï. Tu donnais le bras à une femme que la fatigue avait brisée et qui chancelait quoique soutenue par toi. Hélas! c'est notre destinée à nous tous, faibles créatures que tu as prises dans tes bras stoïques, de chanceler encore quand tu nous soutiens! On n'échappe point aux lois de soi-même. Ne me l'as-tu pas dit souvent quand tu avais cherché à armer mon sein de ton âme, et que toi qui peux tant de choses, tu sentais que tu ne pouvais pas? Homme unique et que le désespoir ne peut atteindre, homme qui, à force d'intelligence, n'as plus besoin de résignation, tu me répétais avec ton calme si doux et si beau, avec ta suprême miséricorde : « Tu n'as pas été créé pour combattre et vaincre! Ne perds pas tes facultés à cela. Pourquoi le bassin qui réfléchit le ciel désirerait-il être une des montagnes qui l'entourent? Il n'y a que Dieu qui sache lequel est le plus beau dans la création qu'il a faite, de la montagne ou du bassin. »

« Quelle était cette femme, ô Altaï ? Je l'ai vue de plus près quand tu t'es approché et que j'ai pris ta main dans les miennes, et quoique la beauté des femmes ne me cause pas d'impressions bien vives et que Dieu m'en ait refusé l'intelligence, cependant elle m'a semblé belle. Et puis elle n'est pas née d'hier non plus ; elle a bu aux sources des choses comme nous. La première guirlande de ses jours est fanée et tombée dans le torrent qui l'emporte, et la trace des douleurs fume à son front, comme sur la route celle du char qui vient d'y passer ! Pour moi, c'est la beauté suprême que cette attestation, écrite au visage dans ces altérations, que la vie n'a pas été bonne. Toute femme qui souffrit est plus que belle à mes yeux : elle est sainte. Douleur ! douleur ! on a là le plus merveilleux des prestiges. Vous vous mêlez jusqu'au seul amour de mon âme, dans mon culte de la Nature. Je me sens plus pieux pour elle les jours où elle paraît souffrir, et je l'aime mieux éplorée que toute puissante.

« Qu'est-elle, cette femme, ô Altaï ? Pourquoi l'as-tu amenée en cette solitude ? Est-ce l'amour qui l'attache à tes pas ? Est-ce cette amitié plus belle que l'amour encore et que tu as longtemps cherchée, ce magnifique sentiment dont tu parlais avec tant d'éloquence entre une femme pure et un homme fort? L'aurais-tu trouvée, à la fin?... Ou bien ton cœur ardent et tendre, ce grand cœur qui fait les héros et les amants, n'est-il pas lassé d'aimer, lassé de tenter l'impossible? Et ne crois-tu plus, ô mon austère philosophe, que l'amour est une vanité, un rêve qui fuit avant le matin? Quoi! toujours des femmes dans ta vie! toujours ce qui ne put tomber dans la mienne remplissant la tienne jusqu'aux bords! Je ne connais rien à ces amours terribles et suaves qui naissent entre vous tous qui vous aimez, êtres finis, hommes et femmes, mais, Altaï, tu l'aimes sans doute, celle-ci; oui! tu l'aimes; car ta voix sonore s'assouplit comme un accent de rossignol en lui parlant; car tes yeux, quand tu la regardes, s'attendrissent comme si tu n'étais pas calme et grand; car, pendant le repas frugal à ma table de hêtre, elle n'a pas étendu la main une seule fois vers la jatte de lait que déjà elle était à ses lèvres, soulevée par ta main attentive. Et quand elle s'est couchée sur le lit de feuilles mortes du Poëte, à l'abri de cette hospitalité un peu sauvage, mais cordiale, et la seule que j'aie à offrir à la femme délicate et lassée, tu l'as enveloppée avec un soin si plein de tendresse et d'inquiétude qu'il semblait que tu laissasses ton âme roulée autour d'elle avec les plis de ton manteau.

— « O Somegod ! — répondait Altaï, — cette femme que je traîne avec moi n'est pas celle que tu supposes. Tu t'es mépris, et ces deux années ne m'ont rien appris que je ne susse avant de les vivre. Tu ne l'ignores pas, je fus vieux de bonne heure. Il est des hommes qui sortent vieillards du ventre des mères. Toi et moi, ô Somegod ! nous sommes un peu de ces hommes-là. — Quand je te disais que l'amour aurait moins encore que la jeunesse ; quand, le cœur plein de ce sentiment formidable qui échappe à la volonté, je cherchais anxieusement à chaque aurore si douze heures de nuit, un jour de plus, ne l'en avaient pas arraché, si la flamme ondoyante et pure ne s'était pas éteinte dans l'âtre noir et refroidi, ce n'était pas la terreur si commune aux hommes de voir un bien fuir les mains qui le possédaient et s'écrouler et se perdre, et les laisser veufs, pauvres, désolés ! ce n'était pas cette terreur qui m'égarait jusqu'au désespoir de l'amour.

J'avais mis la grandeur humaine à souffrir; je voulais être grand. Pourquoi donc me serais-je épouvanté de l'avenir? Pourquoi serais-je entré en de telles défiances? Aussi était-ce une conviction profonde et tranquille comme le sentiment de la vie que je t'exprimais, ô Somegod! une certitude inébranlable et sereine qui découlait des sommets de la raison et qui projetait sa lumière sur l'âme encore passionnée, et d'une façon si souveraine que l'âme aveugle en sentait confusément la présence et n'osait donner de démentis à cette évidence indomptable. Les années peuvent venir, ô Somegod! l'homme plie et s'use, mais la vérité demeure, et les expériences successives attestent l'éternité de la raison. O Somegod! j'ai pu aimer encore, j'ai pu retremper mes lèvres dans la lie du calice épuisé, mais à coup sûr je n'y ai pas plus trouvé d'ivresse que dans le temps où il semblait assez plein pour ne pas de sitôt tarir! Si jamais, pas même à l'heure où l'homme, en proie à des émotions divines, est le plus entraîné et s'oublie, la démence n'a pas monté plus haut que le cœur et que le bonheur en qui l'on croit fut étouffé dans un jugement, ce n'est pas quand l'âme traîne ses ailes lasses d'avoir erré et essuyé à tous les angles de roches sa gorge sanglante qu'elle y fait saigner un peu plus, que des illusions décevantes viendraient se jouer enfantinement de la pensée.

« Mais cette femme, que j'aurais pu aimer sans doute, car qui ne peut-on pas aimer dans la vie? n'a point été aimée par moi. Le dernier sentiment que je porte dans ma poitrine depuis des années est demeuré sain et sauf. Ce n'est pas une gloire, c'est un hasard, — et je ne m'en enorgueillis pas. Cette femme n'est pas non plus mon amie. Pour qu'une femme puisse être l'amie d'un homme, il faut qu'elle ait une immense pureté ou une grande force. Dans ce monde effronté et dans l'esclavage de nos mœurs, laquelle de ces choses est la plus commune? Voici trois ans que je les cherche, ces deux perles précieuses, la pureté et la force. Je ne sais pas si Dieu les y a mises, mais à présent, Dieu vannerait l'Océan qu'il ne les y trouverait plus! Pour la pureté, ce serait encore quelques enfances au sein des campagnes, ignorance, hébétement, torpeur, puretés grossières, perles d'une eau terne et d'une transparence bien douteuse; mais pour la force, ô Somegod! il n'y aurait rien. Cette femme qui dort là dans ta maison, ô Poète! est aussi faible que toutes les autres et moins pure peut-être. Ce qu'elle m'est, je ne le sais point, si ce n'est ni mon amante, ni mon amie. O histoire éternelle de toutes les femmes! Mais de quels mystérieux anneaux est donc faite cette chaîne fragile qui nous unit?

« Est-ce pitié, tendresse ou respect pour la douleur endurée? Car, toi qui ne vois que les grands horizons du monde réfléchis dans le miroir de ton âme, panthéiste noyé et épars en toutes choses, planté sur ton rocher et en face de la Nature comme un Dieu Terme qui sépare les deux infinis de l'espace et de la pensée, tu as surpris sur les traits fanés de cette femme qu'elle avait eu, comme tous, sa part d'angoisses. Ton regard dilaté comme celui des aigles, accoutumé à embrasser des lignes immenses, a saisi à travers cette beauté humaine ces imperceptibles vestiges que ce rude sculpteur intérieur qui, si souvent, brise le bloc qu'il voulait tailler, la Douleur, nous grave au visage comme des rayures dans le plus doux des albâtres! Mais si la douleur est sacrée, elle est commune; elle n'est point un privilège parmi les hommes; elle les égalise comme la Mort. Pourquoi donc, s'il n'y avait que l'adoration de la Douleur qui m'attachât à cette femme, pourquoi l'aurais-je plutôt choisie que toutes celles qui souffrent sur la terre?...

« J'ai vu des femmes plus malheureuses, plus maltraitées du sort que celle-ci. Elles étaient la proie de nobles peines, elles répandaient de généreuses larmes en face du gibet où pendait l'enfant de leurs rêves, quelque grande espérance immolée ou le plus bel amour trahi, mères douloureuses qui s'usaient les paumes de leurs mains à essuyer les torrents qui leur jaillissaient des paupières ! J'ai passé près d'elles m'assouvissant de ces grands spectacles, m'y trempant comme Achille dans le Styx, afin de me rendre invincible ; j'ai passé muet, car je n'ignorais pas que l'épuisement de cette nature humaine qui ne peut souffrir ni pleurer toujours, est le Dieu certain qui console. Qu'avais-je à leur dire, à ces désespoirs qui sont la plus glorieuse substance de nos cœurs, à ces souffrances qui nous déshonorent, à ce qu'il semble, quand nous ne les éprouvons plus, à ces Rachels qui ne veulent pas être consolées, à ces Catons d'Utique qui, trahis par l'épée, s'en fient mieux à la main nue et intrépide pour s'arracher leur reste d'entrailles ? Ma voix eût été une offense. Mais celle-ci, ô Somegod! n'en était pas. Elle souffrait, mais sa peine n'était pas un deuil héroïque, une affliction qui relève et que l'on veut bien; elle ne faisait pas comme la Lacédémonienne, qui disait à son fils : « Dessus ou dessous ! » car elle savait qu'il n'y avait ni honneur ni honte à la Patrie à rester sur le champ de bataille, et elle avait perdu son bouclier.

« C'était une honte, une honte immense au milieu de tous les délices qui passaient et repassaient dessus comme la main de la femme de Macbeth sur la tache de sang, sans l'effacer, un lent pli de sourcils au-dessus de deux yeux sereins et reposés comme les lacs au pied des montagnes, une larme qu'un sourire retenait aux paupières d'où jamais on ne la vit tomber. C'est pour ces douleurs presque muettes, dévorées, enfouies, que l'homme est utile. Il les couve et les féconde sous sa parole. Du vague rose qui teignit cette joue il fait une pourpre ardente et hâve, cruelle brûlure de l'âme dont elle est un reflet. L'œil perd sa sérénité impudente; la bouche, son sourire si doux et si stupide; la larme finit par tomber dans les lèvres devenues sérieuses; on souffre davantage, sans doute, les horreurs du mépris s'augmentent, mais on finit par se savoir gré de la violence, — on finit par se reprendre en respect de soi-même pour se frapper si courageusement de son mépris !

« C'est pour cela, ô Somègod ! que je m'arrêtai devant cette femme, à qui les grandes douleurs de la vie n'avaient pas entr'ouvert la poitrine. Elles avaient glissé sur son sein comme sur de l'émail ; mais même en glissant, elles pénètrent encore, ces épées acérées, et, tu l'as dit, elle avait bu quelques gouttes, ou plein sa coupe d'or, comme nous, à la source des choses. Puisqu'elle avait vécu, elle avait souffert. Ne m'as-tu pas dit quelquefois, ô Poète ! ô toi qui n'as pas mis ta destinée à la disposition des hommes, que la vie était un don funeste, que la Nature, comme l'homme, l'apprenait, d'une voix plus profonde et plus douce, mais qu'elle le révélait aussi ; que cela était répandu jusque dans le rouge cœur des plus belles roses entr'ouvertes, au fond de leurs plus purs parfums ! Mais cette vie n'aurait eu pour elle que sa native amertume, si cette honte vague et sentie qui la troublait ne s'y était obscurément mêlée. O Somegod ! il ne faut pas l'épaisseur d'un cheveu pour que l'âme soit opprimée et malheureuse, et on ne la sort de cet atone et misérable supplice qu'en la redoublant d'énergie, qu'en enfonçant de durs aiguillons aux flancs amollis! Elle, elle était, cette pauvre femme, à qui la honte dont j'en attristai les ardeurs de jour en jour plus défaillies donna le courage de me suivre, elle était errante comme moi à travers le monde, y traînant sa honte comme moi j'y traînais mes ennuis, et y cherchant je ne sais quel bonheur nerveux et débile, comme moi j'y poursuivais une trop difficile sagesse. Elle allait aux soirs, sous les cieux étoilés, aux détours des allées mystérieuses, trahie par le pan de sa robe qui flottait encore dans ces sinueux détours lorsqu'elle était disparue, par un parfum de cette chevelure tordue sur sa tête comme un voile mieux relevé, et dont la gerbe dénouée et déjà penchée, comme d'attendre, se répandait sous la première main. C'est là que souvent je l'ai vue, c'est là que je m'arrêtai devant elle barrant du bâton que voici l'étroit sentier parcouru par elle, comme Socrate devant Xénophon. Dans les joies sensuelles de sa vie, dans l'abandon et la fuite d'elle-même au sein des nuits de volupté bruyante ou recueillie, elle n'avait point perdu l'intelligence des nobles paroles. La feuille de saule sauve un insecte, tombée du bec de la colombe ou de la main d'un enfant. Je jetai la feuille de saule aussi et je crus l'avoir sauvée. Du moins eût-elle le courage de me suivre, moi qui ne lui parlais pas le langage du monde et qui ne lui promettais pas d'amour!

« O Somegod! les hommes, ces massacreurs du bonheur des femmes, consomment un forfait plus grand encore en leur rapetissant la conscience, qu'ils finissent toujours par étouffer. Elles peuvent être avilies sans être coupables. — Victimes jusque dans leurs facultés, les malheureuses ne sont qu'aveugles et on les accuse de chanceler au bord des fossés. Il ne s'agit pas d'avoir des entrailles, Somegod, il ne suffit que d'être justes. Ce n'est pas l'amour, ce n'est pas la pitié, ce n'est pas un de ces sentiments enthousiastes, la couronne sacrée de la vie dont tous les fleurons ont jonché la terre autour de moi de si bonne heure, qui m'a fait me charger de cette destinée. C'est la Justice. Vois-tu! il faut qu'il y ait des hommes qui payent pour l'Humanité devant Dieu. O Somegod! je n'ai pas au cœur une grande espérance; cette femme est faible et peut-être m'échappera-t-elle. Mais qu'importe! Quand on a foi, l'action en sort comme une épée de son fourreau, mais c'est quand on doute qu'il est beau d'agir. Je suis venu te trouver, ô Poète! dans le désert, ce temple dont tu es le prêtre; car si ma parole est trop rude pour ces délicates oreilles accoutumées aux suavités des flûtes et aux endormissements du plaisir, la tienne ne l'effarouchera pas. Elle l'entendra mieux. Elle s'assiéra à tes pieds pour recueillir les beaux fruits tombés de ta cime, arbre merveilleux de Poésie! Elle oubliera les villes et les grossières ivresses qu'on y goûte. Puisses-tu la relever dans ta grande Nature, la baigner dans ses eaux éternelles et l'en faire sortir purifiée!

— « Ton dessein est beau, Altaï; il est digne de toi, — reprit le Poète. — Mais qu'as-tu besoin de Somegod? Tu es bien toujours l'Altaï, le triste et serein Altaï qui sème sans croire à la récolte, ce généreux laboureur qui jette le blé aux quatre vents du ciel! Homme infortuné et grand, qui, pour ne plus croire à la Providence, n'as pas apostasié la Vertu, et qui, sans une espérance dans le cœur, combats pourtant comme si tu devais remporter la victoire !... »

Ainsi dirent-ils longtemps encore, le Philosophe et le Poète. La nuit les surprit devisant. Elle tomba entre eux comme un silence ; Dieu jeta dans les airs ses poignées d'étoiles, et parmi elles et plus bas que le ciel, sur la terre obscure, quelque rossignol qui se mit à chanter pour consoler le monde de la lumière perdue, par l'Harmonie. Le ciel se réfléchissait en Somegod et dans l'Océan, dans le Poète et dans l'abîme.

Altaï était rentré dans la maison. Il regardait la femme qui dormait, à la lueur épaisse et fumeuse de la lampe d'argile. Duumvirs de la pensée qui s'étaient partagé le monde, l'un avait pris la Création pour sa part, et l'autre, plus ambitieux, s'emparait de plus vaste encore : — la misérable créature. C'était la part du Lion.

II

Le soleil se levait derrière la falaise, aussi frais, aussi beau, aussi lumineux qu'au temps où les hommes l'adoraient en l'appelant Apollon; il dardait ses flèches d'or sur la mer sombre qui en roulait les étincellements dans ses flots, semblable à la dépouille opime de quelque naufrage. Une ceinture rose ceignait le ciel comme une guirlande de fleurs divines aux flancs d'Aphrodite, et l'étoile verte qui porte le nom de la lumière dont elle est le présage s'effaçait dans le ciel, où s'écoulaient des traînées de jour à travers des ombres lentes à disparaître. Un vent presque liquide de fraîcheur s'élevait de la mer et déroulait les perles de rosée suspendues à la chryste marine de la falaise, tapis nuancé d'une pourpre violette et foulé par les pieds nuds des jeunes pêcheuses. Les premiers bruits du jour se faisaient entendre au loin, mais confus encore comme le premier réveil des hommes, distincts seulement à cause de la pureté de l'air du matin.

Somegod, qui se levait toujours pour aller ramasser la première feuille tombée du bouquet aérien de l'Aurore, fleur impalpable respirée par le regard et gardée dans la pensée, ce sein plus intime que le sein, et où, comme sur l'autre, elle ne se flétrissait pas; Somegod, le Chrysès de ces plages, revenait des grèves à sa masure, inquiet de ses hôtes, que le grand jour devenu pénétrant avait sans doute réveillés. Il croyait les retrouver assis aux pierres de la porte, admirant ce magnifique spectacle de la mer où le soleil luit et des horizons que le jour infinitise. Il se trompait; ils n'y étaient pas. Il les aperçut par la porte entr'ouverte, Altaï debout derrière celle dont il ne savait pas encore le nom. Le Philosophe attachait quelque imperceptible agrafe à la robe, comme l'aurait pu faire une humble servante. Le Poète, arrêté sur le seuil, ne se mit point à sourire de la simplicité de ce détail. Ce sont les hommes grands et forts qui ont la grâce des petites choses. Ils mettent dans les riens une amabilité à faire pleurer. O vous qui disiez que l'âme se mêle à tout, vous aviez bien raison, ô grande pythonisse à la lèvre entr'ouverte! Il y a des maternités plus ineffables que celles des mères, des grâces plus grandes que celles des femmes, dans l'homme pâle et grave qui pose un châle sur des épaules ou qui lace un brodequin défait.

— « Amaïdée, c'est notre hôte, » —dit Altaï en relevant la tête. Il venait d'achever son travail. L'agrafe avait fixé la robe sur le sein de la femme, qui se tourna vers le Poète en lui disant un bonjour déjà familier. Somegod put mieux juger de la beauté qui l'avait frappé d'abord en Amaïdée quand il l'avait vue pour la première fois. Les nattes de ses cheveux n'étaient plus souillées de poussière, le teint noirci de la sueur du voyage, le front maculé de ces grandes taches d'un roux âcre et livide que l'on doit à l'échauffement et à la fatigue; les cheveux n'avaient plus d'autre nuance que celle de quelque tresse dorée qui rayonnait capricieusement dans leur jais et qui s'en détachait d'une façon plus vive aux obliques ondulations de la lumière. Le teint avait repris sa couleur uniforme et mate dans laquelle circulait une vie profonde, sans pourpre aux joues, sans blancheur nulle part; c'était un bistre fondu dans les chairs. Les sourcils, noirs et arqués, se prolongeaient fort loin dans les tempes, ce qui donnait une expression remarquable à ses yeux, dont les larges prunelles étaient jaunes et d'une si admirable transparence qu'on allait d'un seul trait au fond de ce regard étincelant, humide, cristallin et calme, avait dit Altaï, comme un lac aux pieds des montagnes, mais quand le soleil y verse son or pur dans une mélancolique soirée.

Ce regard ne trahissait rien du passé, de la vie, de l'âme. Il était doux comme l'indifférence, un peu vague, mais sans rêverie qui l'égarât loin de vous. De flamme plus rapide qui s'en échappât, il n'y en avait point. Jamais un désir ne le tournait éloquemment vers le ciel; jamais un regret ne l'abaissait vers la terre. Ce n'eût pas été un regard de femme, si la peine n'avait gonflé en les violaçant les veines fatiguées qui erraient et se perdaient aux paupières. Là retentissait la vie muette ailleurs, et aussi dans un sillon entre les sourcils, trace d'une pensée rarement absente. Quand cette pensée revenait plus triste ou plus amère, le sillon se creusait davantage, mais le rapprochement des sourcils n'était ni heurté, ni même subit; il se faisait avec une lenteur harmonieuse et n'altérait jamais la fixité habituelle du regard. Toute la physionomie de cette femme était dans ce simple et fréquent mouvement de sourcils. Le front était bas, les joues larges, la lèvre roulée et accusant dans son éclat terni les ardeurs fiévreuses de l'haleine, ce simoun du désert du cœur qui règne dans les bouches malades de la soif toujours trompée des voluptés de la vie!

Elle vint s'asseoir à la place ordinaire du Poète, en dehors de la cabane, et s'appuyant le menton dans sa main, elle regarda la mer avec ses yeux aussi humides et aussi diaphanés que les flots dans une anse peu profonde. Le jour doux et argenté du matin adoucissait merveilleusement ce qu'il y avait de hâve dans cette beauté qui ressemblait à une rose jaune presque déchirée à force d'être épanouie et que le temps avait meurtrie, et mille souffles et mille mains. Altaï et Somegod s'assirent près d'elle.

— « O Amaïdée ! — lui dit Altaï, — à quoi penses-tu devant un spectacle si nouveau pour toi ? Ne t'épouvantes-tu pas de cette vie qui commence et à laquelle tu fus si peu accoutumée par celle dont tu as vécu jusqu'ici ?

— Non ! je ne m'épouvante pas, — dit-elle.
— Doutes-tu déjà de mon courage, Altaï ? Crains-tu que les mollesses de ma vie m'aient brisée au point de me rendre incapable du moindre effort ? Et d'ailleurs, tout était-il donc mollesse dans cette vie que tu me reproches ? Ai-je moins bien dormi sur le lit de feuilles sèches de Somegod que sur les lits de soie abandonnés ?

— Non ! mon enfant, — répondit le Philosophe, plus jeune que celle à qui il adressait cette appellation protectrice, mais bien plus vieux par la sagesse, cette paternité plus auguste que celle des cheveux blancs et de la nature ; — ce serait déjà bien tôt pour te démentir.

— Sais-tu, Altaï, — ajouta Amaïdée d'une

voix lente, — que l'accent dont tu dis cela est bien triste? O homme que l'on dit être fort, ta parole n'est jamais découragée, mais ta voix l'est toujours! Pourquoi?

— Parce que je connais la destinée et la vie, — répondit Altaï en prenant dans ses bras la taille d'épi tremblant de la jeune femme qu'il avait peut-être craint d'affliger, — et que je n'attends rien d'elles deux! »

Amaïdée écarta la caresse et fronça lentement ses longs sourcils.

— « Ce n'est pas moi qui suis cruel, — reprit Altaï, — Amaïdée! ce n'est pas moi.

— O Somegod! — dit Amaïdée avec une adorable naïveté, seule chose qu'elle eût gardée, seul trésor qu'elle n'eût pas dépensé dans ses somptuosités de Cléopâtre. — Il ne croit à rien, pas même à moi qui ai tout quitté pour le suivre! Quand je lui parle de mon amour, il ne rit pas, mais il est pourtant aussi sceptique que s'il branlait la tête en riant, et il m'embrasse au front comme un enfant malade qu'on apaise.

— Tu ne m'avais pas parlé de cet amour, ô Altaï? — dit Somegod avec une voix grave.

— A quoi bon, — répondit le Philosophe, — puisque je n'y croyais pas ! »

Une larme, — une de ces larmes qui en valent des torrents dans les yeux de celles qui sont restées pures, cerna les noirs cils d'Amaïdée, mais ne roula point sur sa joue, quoique cette âme sans fierté ne mît pas sa gloire à la dévorer. Altaï la vit :

— « On ne supprime point une larme en l'essuyant, — dit-il. — Mais, ô Amaïdée ! une larme n'est jamais stérile, et on se purifie quand on pleure...

— Et quand on aime... » reprit la femme avec noblesse.

Mais le Philosophe secoua la tête ; un sourire de dédain ouvrit ses lèvres comme le précurseur de quelque réponse inflexible ; puis le dédain se changea en sourire de mélancolie et il n'osa pas appuyer son stoïcisme sur cette pauvre créature abattue, qui croyait que l'on se relevait de la mêlée en saisissant encore une fois les genoux d'un homme et en tordant passionnément ses beaux bras autour de ce dernier autel.

— « Écoute-moi, ô Amaïdée ! — dit Altaï.

— L'amour passe, et la vertu demeure. Si je t'ai entraînée avec moi, ce n'était ni comme une victime, ni comme une esclave. Je ne suis point un de ces insolents triomphateurs de l'âme des femmes, chassant devant eux les troupeaux qui leur serviront d'hécatombes. En me suivant, je te voulais libre; je le désirais, du moins. Tu ne l'étais pas, et c'est peut-être la raison pour laquelle tu es venue. Vous autres femmes, vous n'avez que des enthousiasmes et n'obéissez qu'à des sentiments. Mais si je te laissai obéir au tien, ô mon enfant! si je ne te mis pas la main sur la bouche quand tu me répétas cette triste parole que tu m'aimais, et si je ne partis pas seul, c'est que j'étais sûr que le temps t'arracherait du cœur cette épine et que je te voulais meilleure qu'heureuse. »

Amaïdée avait posé son front sur la main qui soutenait son menton tout à l'heure. Son cou dessinait une courbe charmante. On aurait dit une Mélancolie éplorée ou une Résignation qui se ployait sous les paroles d'Altaï. Que se passait-il en cette âme comme cachée sous le corps incliné, dans cette femme qui semblait s'ombrager d'elle-même? Altaï regardait la terre en prononçant les mâles paroles auxquelles elle n'avait pas répondu, et Somegod, tourmentant une longue mèche de ses cheveux noirs sur sa tempe gauche, avait la tête tournée vers le ciel dans l'éclat duquel sa tête brune et son profil à arêtes vives se dessinaient avec énergie. Le soleil coiffait d'aigrettes étincelantes les différents pitons des falaises. Il semblait que tous ces noirs géants se fussent relevés de leurs grands jets d'ombre où ils étaient disparus et avaient repris leurs casques d'acier. La vie envahissait davantage les grèves solitaires où la marée montait avec le jour, et les pêcheurs tendaient leur gracieuse voile latine et se préparaient à quitter le havre qui les avait abrités. Tout était mouvement et allégresse, excepté sur ce Sunium sans blanche colonnade, plus sauvage et plus modeste que celui où s'asseyait Platon. Là, la vie avait revêtu de plus solennels aspects; les trois personnes qui en attestaient la présence restaient dans leurs poses silencieuses. Immobilité et silence, ces deux choses qui siéent si bien à tout ce qui s'élève de la foule, ce double caractère de tout ce qui est profond et grand, et qui faisait comprendre à l'artiste des temps anciens qu'on ne pouvait représenter dignement les Dieux qu'avec du marbre. Amaïdée, Altaï, Somegod, étaient un peu plus que ces mariniers hâlés et nerveux qui s'agitaient au bas de la montagne et au bord des ondes, sous les rayons du soleil levant que défiait la nudité de leurs poitrines. A eux trois ne représentaient-ils pas l'Amour, la Poésie et la Sagesse ?

Ils passèrent cette journée et les suivantes à errer le long des rivages et à vivre de cette existence qui était vague pour Altaï et Amaïdée, et qui n'était profonde que pour Somegod; car pour que les choses extérieures entrent dans l'homme il faut être accoutumé à les contempler longtemps, et l'on n'en conquiert pas l'intelligence avec un regard léger comme les cils d'où il s'échappe. — Somegod faisait pour ainsi dire à ses hôtes les honneurs de la Nature. Altaï n'avait pas repris la douloureuse conversation du premier matin. Amaïdée, muable sensitive, avait oublié les impressions cruelles qui avaient chargé son œil de pleurs et son front de tristesse. Entre la femme et l'enfant, il n'y a que la différence d'une émotion. Quand l'émotion grandit, l'enfant devient femme; quand elle diminue, la femme redevient un enfant : elle se rapetisse, comme ce génie des contes arabes qui, de géant, se rapetissait jusqu'à entrer dans une petite urne, cette étroite demeure dans laquelle l'homme ne saurait tenir qu'en poussière. Amaïdée jouissait de cette nouveauté de spectacle et d'impressions en âme mobile et avide. Oh! pauvres âmes blasées que nous sommes, la nouveauté est-elle une si grande charmeresse? si c'est moins l'ondoyance de la Nature humaine que son épuisement si rapide qui nous fait y trouver tant de charmes qu'elle est comme une jeunesse dans cette vie... Sol rude et dépouillé, route parcourue et dont on a compté les pierres en posant ses pieds d'aujourd'hui dans la trace de ses pas d'hier.

Altaï la laissait s'ébattre aux négligences de cette vie sauvage et libre. Il semblait se fier au dictame de l'air vif et pur qui circulait autour d'eux pour guérir cette âme blessée et pour lui donner la force de se laver de ses souillures, en l'élevant vers Dieu par la pratique de la vertu. Comme les convalescents, à qui l'on prescrit des exercices tempérés, le grand air, le rayon de soleil qui réchauffe, on pourrait prescrire aux âmes malades la mer, le ciel, les fleurs, les bois!

Tout se tient, tout s'enchaîne, tout est un dans l'homme et dans la Nature ; la vie de l'âme est aussi mystérieuse que la vie du corps, mais c'est également de la vie. Ceux qui ont gravi une montagne savent quel poids on laisse toujours au pied. Ils savent que nous n'emportons pas au sommet les soucis cruels qui nous rongent; ils savent que cet air plus éthériel que l'on respire nourrit mieux la substance humaine. O vous qui avez un gosier de rossignol et des ailes d'aigle, oiseaux si merveilleux que l'homme vous a si souvent niés, ô Poètes, grands artistes, mille fois fils d'Apollon amoureux de sa sœur divine! et toi, ô Nature! ne nous l'avez-vous pas appris?—Nature! mère des Dieux et des hommes, comme disait le Panthéisme ancien, quand nous avons usé nos vies en pleurs amers et en soupirs insensés, quand l'âme répandue tombe à travers nos doigts dans la poussière, que c'est une horreur de ne la pouvoir ramasser et que devant la dernière goutte qui échappe et qui va sécher nous restons éperdus et prêts à mourir, oh! rejetons-nous à tes mamelles, ô notre mère! pour ne pas mourir. Nous y retrouverons le lait jamais tari des émotions saintes! nous jetterons, pour nous rajeunir, et nos amours, et nos larmes, et nos douleurs, toutes ces vieillesses anticipées, comme les membres hachés d'Éson, dans cette splendide et bouillonnante cuve des éléments dont les horizons sont les bords et qui écume éternellement sous le ciel! Oui! tes spectacles fortifient, élèvent, rassérènent. Tu convies les hommes à des voluptés âpres et viriles, où les sens et leurs grossiers instincts n'ont plus rien à voir. Où a-t-il pris ce fier regard, ce grand Voyageur qui t'adore? Il l'a rapporté de ces monts qu'il vient de mesurer et dont il descend, les lèvres et les narines sanglantes, pâle et brisé comme s'il avait vu Dieu! C'est devant toi, la bouche entr'ouverte, la poitrine pleine de ton souffle qu'il prenait pour le sien, que l'homme a dit un soir : « L'âme est immortelle! » Ah! je ne sais pas ce qui est et ce que j'espère, mais ta contemplation m'est sacrée, une vertu courageuse s'en exhale, l'homme se compte pour rien devant toi. O Nature! patrie qu'on adore, trop grande pour tenir à l'abri de nos boucliers, Sparte éternelle qu'il n'est jamais besoin de défendre, si tu avais des Thermopyles, il ne faudrait que jeter un regard sur tes mers et sur tes collines, pour devenir un de tes trois cents!

Tantôt Altaï, Somegod et Amaïdée s'enfonçaient dans les terres, en quelque long pèlerinage aux ruines aperçues de la falaise comme des points blancs dans les campagnes. Ils aimaient à se diriger vers des points inconnus, mystères qu'ils allaient pénétrer. Souvent c'était une église abandonnée, parfois un sépulcre écroulé, ou un colombier où ne s'abattaient plus les sonores volées de pigeons, mais où il en revenait parfois un ou deux peut-être, mélancoliques et bientôt repartis d'un vol rapide, comme les souvenirs dans nos cœurs ! Tantôt ils restaient sur les grèves, assis sur quelque banc de coquillages, suivant de l'œil la mer qui s'en allait, triste et éternelle voyageuse dont le manteau bleu traîne à l'horizon quand elle est le plus loin, comme pour empêcher l'ordinaire oubli de l'absence.

Souvent ils montaient dans une barque et erraient rêveusement dans le havre, assombri des approches du soir. Cet étonnant Altaï, qui semblait savoir toutes choses, ramait d'un bras infatigable ; car Somegod, qui ramait aussi, laissait pendre presque toujours l'aviron dans la houle, perdu en quelque adoration muette, comme Renaud aux genoux d'Armide. Silence qui n'était pas le silence d'Amaïdée, douloureuse créature qui regardait le ciel, la mer, Altaï, Somegod, — qui regardait et qui ne voyait pas, pensée tout étonnée d'elle-même. Ses yeux ambrés, après avoir erré comme les regards farouches d'une biche égarée, se fixaient dans le vide, brillants au crépuscule comme un flot au fond duquel on aperçoit la fauve arène. Un châle, tissu chaud et suave, fragilité pleine d'harmonie avec ces fragilités plus grandes et plus précieuses encore qu'elle était destinée à protéger, et qui flottait dans l'air âpre et humide au-dessus de la mer éternelle, enveloppait à plis larges et hardis sa taille autrefois si puissante, à présent brisée et amollie, les reins dont la chute voluptueuse gardait l'empreinte d'avoir faibli tant de fois sous les terrassements de l'étreinte, comme ceux de l'archange Lucifer sous la sandale divine de Michel. La vague élevait la voix autour de la nacelle attardée sur ces côtes, célèbres par plus d'un naufrage, et les pêcheurs qui rentraient au havre, passant auprès de cette barque dans le vent et dans la nuit, apercevaient, non sans une terreur superstitieuse, cette trinité intrépide et muette des solitaires de la montagne qui n'avaient pas leur vie à gagner et qui l'exposaient aux brisants. Que s'ils surprenaient les paroles de ce groupe étrange, c'étaient des paroles singulières, inexplicables comme eux, et dont tout leur eût été incompréhensible si le mot de Dieu ne s'y était mêlé souvent.

III

Un de ces soirs, — ils avaient erré longtemps, la nuit noire s'alourdissait sur la mer, et leur barque, bercée dans les vagues phosphorescentes, cinglait encore dans les hauteurs de l'eau; l'écume des flots fraîche et salée les frappait au front et sur les mains; ils n'entendaient que ce bruit de l'eau si solennel, la nuit, quand on n'y voit pas, moins doux mais plus beau que quand la lune jette une large lumière sur leur surface, — Amaïdée adressa la parole à Somegod :

— « Tu es Poète, m'a dit Altaï. Mais où donc

est ta Poésie? Me méprises-tu assez pour me la cacher? Pourquoi n'as-tu jamais dit devant moi ces chants qui font du bien à toute âme, comme cette langue qu'ils parlent derrière les Alpes, même quand on ne la comprend pas? Qui te dit, d'ailleurs, ô Poète! que je ne comprendrais point ce que tu chanterais?

« Lorsque je vivais dans les villes, pendant ces nuits passées dans les voluptés qu'Altaï appelle coupables, si un Poète, mêlé à nos fêtes, venait à faire entendre quelque mélodieuse parole, je sentais en moi s'éveiller une foule de puissances endormies. Les autres se mouraient d'ivresses, penchées sur les épaules des hommes qui leur versaient le double breuvage des yeux et des lèvres, n'écoutant pas, au milieu des joies effrénées et lasses, la voix qui planait sur elles toutes comme un Esprit invisible dont les ailes faisaient trembler la flamme des lampes et battaient sur les yeux à moitié clos. Mais moi, la rieuse et la folâtre, je me retirais dans une embrasure et je cachais ma tête dans mes mains. O Somegod! ce que j'éprouvais avait un charme si différent de ce que le bonheur comme je l'avais senti toute ma vie m'avait appris! Ce n'était pas le bonheur, non! ce n'était pas non plus la peine, et pourtant cela faisait cruellement mal et délicieusement bien au cœur. C'était plus et moins tour à tour que la vie... N'est-ce pas là ce que vous nommez la Poésie, vous, et que j'aimais, moi, comme tant de choses, sans savoir pourquoi je l'aimais?

— « Amaïdée, — répondit Somegod, — tu veux donc que je te livre le secret de mon infortune! Il y a des hommes à qui l'on peut dire : « Qu'as-tu souffert? qu'as-tu aimé? de quoi as-tu joui depuis que tu es dans le monde? » Altaï, que tu vois ramant à l'autre bout de cette barque, est un de ces riches de misères, frappés par Dieu de l'infinité des douleurs. Mais moi, je n'ai pas été l'objet de cette terrible munificence qui fait les hommes grands entre tous! Moi, je n'ai qu'une misère pour ma part; moi, je meurs comme les lys et l'hermine, d'une seule tache tombée en mon sein! Toute la question qui résume ma vie est celle que tu me fais aujourd'hui : « Tu es Poète, où est ta Poésie! » O Amaïdée! de Poésie, je n'en ai pas qui m'appartienne. Le torrent divin qui tombe du ciel dans ma poitrine, y engouffre son onde et sa voix. L'homme a menti dans son orgueil quand il s'est enchanté lui-même de la balbutie de ses lèvres. Il jouait au Dieu en s'efforçant de créer avec sa parole, mais la Nature l'écrasait de son calme pur de dédain. Si l'on m'eût donné le choix, j'eusse mieux aimé peut-être risquer ce mensonge que de sentir un doigt qui n'était pas le mien, comme celui du dieu Harpocrate, faire peser le silence sur ma bouche esclave. Mais, hélas! l'alternative me manquait. Et voilà pourquoi j'ai souffert. Amer tourment de l'impuissance! quoique ce fût encore plus l'impuissance de l'homme que de Somegod. Ma vie s'ensanglanta de cette lutte furieuse que tout homme a avec soi-même avant de prendre son parti sur soi. On le prend enfin, on le prend, ce parti désolé et funeste, mais quelle consommation de la vie!

« O Amaïdée! Amaïdée! ne me demande pas mon histoire. Les vies de tous se ressemblent plus qu'on ne croit. Femme ou Poëte, quand la souffrance intervient dans les battements de nos organes, cette souffrance est un désir que rien n'étanche, et les hommes l'ont nommé l'Amour. Qu'importe l'objet de ce désir funeste! qu'importe la pâture dont cet amour ne pourra jamais s'assouvir! le sentiment ne perd point de sa formidable intensité. Parce que, ma pauvre Lesbienne, tu ne voyais sur les rivages que les voyageurs entraînés par toi au fond des bois, parce que, dans tes nuits ardentes et vagabondes, tu ne relevas jamais ton voile pour admirer l'éclat du ciel, est-ce à dire, ô Amaïdée! qu'il n'y avait à aimer que ce que tu aimais? Est-ce qu'auprès de l'homme il n'y avait pas la Nature? Est-ce à dire que toutes les adorations de l'âme finissaient toutes à l'amour comme tu le concevais? Eh bien, moi, j'aimai la Nature, et toute ma vie fut dévorée par cette passion! Je l'aimai avec toutes les phases de vos affections inconnues et que j'entendais raconter. Je reconnaissais, aux récits des hommes et aux chants des poètes consacrés aux amantes, que ce que j'éprouvais avait toutes les réalités de l'amour. Ce ne fut d'abord qu'une douce rêverie au sein des campagnes, des larmes venues vers le soir, un plongement d'yeux incessant dans les immensités du ciel, quand, assis sur quelque tertre sauvage, j'y oubliais la voix de ma mère ou de mes sœurs promenant alentour, ou que seul je pouvais à peine m'arracher à la nuit, vers le tard. Les mères se méprennent souvent aux tristesses de leurs fils. La mienne m'envoya dans les villes. J'y vécus pendant quelques années; je pris ma part du grand festin d'une main languissante, et à la première coupe tarie, sans désir et sans ivresse, je fus aux lieux que j'avais quittés. J'y rapportais la même froideur et un front plus chargé d'ennuis. Je n'étais pas malheureux, mais j'allais l'être... J'ignorais de quel nom appeler mes regrets et mes espérances; j'ignorais vers quoi montaient les élancements de ce sein que des femmes belles comme toi, ô Amaïdée! n'avaient ni troublé ni tiédi. Je ne me sentais pas de tendresse pour ma mère et mes sœurs, et je passai pour ainsi dire à travers leurs embrassements pour aller revoir la Nature.

« Je la revis avec des larmes, avec des bonheurs sanglotants et convulsifs. Ce jour-là, je sus ce que j'avais. J'avais lu souvent de ces livres que les hommes disent pleins de l'amour de la Nature. Mais qu'ils me paraissaient imparfaits et froids! qu'ils me disaient peu ce que je devais attendre de l'avenir! C'est qu'une passion tenait ma vie dans ses serres d'autour, et que les hommes les plus éloquents dans leur culte de la Nature n'en ont parlé que comme on parlerait de beaux-arts. — Ils l'ont admirée, la grande Déesse, la Galatée immortelle, sur son piédestal gigantesque, mais ils n'ont jamais désiré l'en faire tomber pour la voir de plus près! Ils n'ont jamais désiré clore avec la lave de leurs lèvres la bouche de marbre dédaigneusement entr'ouverte!... Hélas! tout à l'heure encore, votre amour à vous m'impose ses images pour exprimer ce que je ressentais. Ah! exprimer l'Amour, cela vous est possible, mais moi, Amaïdée, je ne puis! Et tu me demandes où est ma Poésie? Elle est toute dans cet inexprimable amour, qui l'a clouée, comme la foudre, au fond de mon âme, où elle se débat et ne peut mourir. En vain je m'épuise en adorations sublimes ou insensées; j'ai pitié de mon éloquence! Vous, du moins, vous pouvez vous saisir, vous rapprocher, mêler vos souffles et féconder vos longues étreintes; mais moi, je croise mes bras sur ma poitrine soulevée, et, impuissant devant l'infini, je reste succombant sous les facultés de l'homme inutiles! Tout amour commence par l'ivresse, un pur nectar dont la lie n'est pas loin et brûle, mais on ne se fait point sa part dans l'amour : il faut boire encore, boire toujours, pourvu qu'il en reste; on vomirait plu-

tôt son cœur dans le calice que le fatal calice ne
reculerait! A regarder si longtemps l'être adoré,
on s'exalte, on s'irrite, on veut! Quoi donc, ô
créature humaine?... Posséder! crie du fond téné-
breux de nous-même une grande voix désolée et
implacable. Posséder! dût-on tout briser de
l'idole, tout flétrir et d'elle et de soi! Mais comment posséder la Nature? A-t-elle des flancs pour
qu'on la saisisse? Dans les choses, y a-t-il un cœur
qui réponde au cœur que dessus l'on pourrait
briser? Rochers, mer aux vagues éternelles, fo-
rêts où les jours s'engloutissent et dont ils res-
sortiront demain en aurore, — comme un phénix
couleur de rose, échappant des cendres d'hier,
brûle dans les feux du soleil, — cieux étoilés, torrents, orages, cimes des monts éblouissantes et
mystérieuses, n'ai-je pas tenté cent fois de m'unir
à vous? n'ai-je pas désiré à mourir me fondre en
vous, comme vous vous fondez dans l'Immense
dont vous semblez vous détacher? Mais avec ces
bras de chair je ne pouvais pas vous saisir, sublimes dérisions de l'homme! Aussi, étendu en
face des perspectives idolâtrées, haletant après les
désespérants horizons qu'on ne peut toucher,
malade d'infini et d'amour, je me consumais en

angoisses amères. La chevrière de la montagne qui m'avait vu là le matin m'y retrouvait le soir plus pâle, et s'enfuyait épouvantée, comme si un sort eût été sur moi. Souvent je me plongeais dans la mer avec furie, cherchant sous les eaux cette Nature, ce tout adoré, extravasé des mains de l'homme, insaisissable et si près de nous! Après des heures d'une poursuite insensée, la vague me rejetait inanimé au rivage, la bouche pleine d'écume, presque étouffé et tout sanglant. Mais le désespoir durait encore. Je mordais le sable des grèves comme j'avais mordu le flot des mers. La terre ne se révoltait pas plus de ma fureur que n'avait fait l'Océan. Autour de moi tout était beau, serein, splendide, immuable! tout ce que j'aimais, tout ce qui ne serait jamais à moi! Ah! le moi, dilaté par le désir et la rage, craquait au fond de ma personnalité! Pour le délivrer de la borne aveuglante, pour briser son enveloppe épaisse, je tournais mes mains contre ma poitrine. Des griffes de lion n'eussent pas été plus terribles. Un enthousiasme ineffable me soutenait dans le déchirement de moi-même. Incurable faiblesse des passions! Un soleil couchant sur la mer, quelque beau spectacle dans les nues, un parfum apporté par les brises, interrompait l'acharnement du suicide, et je joignais mes mains sanglantes, et je tombais à genoux devant cette merveilleuse Nature, trop belle pour que je voulusse la quitter! Je me sentais rattaché à la vie par l'idée que l'âme se mêlant au Pan universel y doit tomber submergée et perdue, et je ne voulais pas anéantir mon amour. Ainsi je répudiais courageusement les promesses du Panthéisme ; car c'étaient ces organes maudits et blessés qui mettaient entre moi et la Nature les rapports d'où naissaient et mon bonheur et ma souffrance, et dans l'incertitude de les détruire, j'aurais refusé d'être Dieu !

« Voilà pourquoi, ô Amaïdée! Altaï t'a dit que j'étais Poète; mais je n'étais, hélas! que le martyr de mes pensées. Hommes et femmes, qui avez des regards et des caresses, vous qui pouvez dénouer des chevelures et confondre la flamme de vos bouches incombustibles, c'est vous qui êtes les Poètes, et non pas Somegod! Dans l'isolation de mon impuissance, pour me soustraire à ce néant qui m'oppressait, je cherchais parfois à refléter cette âme épanchée sur les choses, dans le langage idéal que je rêvais. Mais je n'avais point été frappé du magnifique aveuglement des prophètes. Je comprenais ma parole. Miroir concentrique de la Nature, celle-ci le brisait en s'y mirant. Alors, d'une honte inépuisable contre moi-même, je déchirais les feuilles trempées de mes larmes insomnieuses et je les dispersais autour de moi. Comme les feuilles de la Sibylle répandues sur le seuil de l'antre sacré, un vent divin ne les levait pas de terre pour les emporter au bout du monde. Je les ai vues tourbillonner quelquefois du penchant de la falaise jusqu'à la mer qui mugit au pied. Je les suivais avec les angoisses d'une mère infanticide. Vagues sombres, blanches écumes, aquilons rapides, qui de vous les dévorait le plus vite ? qui les cachait le plus à mes yeux ? Je croyais encore que c'étaient elles, et puis je m'apercevais que ce n'étaient que les ailes des goëlands au-dessus des flots. Alors, assis dans une consternation profonde, je ressemblais à l'homme qui vient de vider sur l'autel des dieux la coupe de son sacrifice, sans avoir pu les apaiser !

« Ne me demande donc pas où est ma Poésie, Amaïdée, car tu renouvelles mes douleurs ! Vois, ô femme! la lune surgit là-bas et nous atteint de ce rayon qui vient de nous éclairer tous les trois. A la lueur qui lisse les marbres où le temps laissa son empreinte, mais qui ne rajeunit pas les visages vieillis, vois ce front sénile et tâte cette poitrine crevassée comme les flancs des rochers d'alentour! Cherche là ce que j'ai souffert avant de me résigner aux bornes de moi-même, à la voix forte d'Altaï! Tu as recueilli dans la vie les voluptés et l'insulte; cette double flétrissure s'est acharnée sur toi longtemps. Tu as dépensé bien des souffles sur les lèvres d'hommes qui te les renvoyaient empoisonnés ou qui ne te les rendaient pas; tu as dépensé bien des larmes sur la couche où tu t'éveillais seule et humiliée à l'aurore, pâle de la nuit et de regret, dans des voiles souillés et froidis; tu as ouvert ton cœur à tous les amours, et ils y sont venus plus nombreux que les cheveux tressés sur ta tête, plus ruisselants de larmes amères que ne le seraient ces mêmes cheveux détordus et plongés par toi dans la mer. Tu es femme, et cependant tu as mieux résisté que moi, homme de la solitude, nourri de simples au sein des montagnes. Juge donc de l'intensité de mon mal et de sa durée! Juges-en si tu le peux, créature fragile, dans l'éphémérité de ton cœur! — Ne me demande plus où est ma Poésie!... Elle est là, mais je ne l'ai pas faite! Elle est là, partout, comme un Génie muet, un Sphinx charmant et ironique à la fois, dans cette nuit où j'étends la main! »

Somegod se tut. On n'entendit plus que la vague qui pantelait contre les flancs de la barque, et le coup de rame d'Altaï. — Amaïdée avait-elle compris le Poète? ce grand Poète qui ne créait pas?... Peut-être... N'avait-elle pas eu des désirs insatiables comme les siens? — Quand les nerfs se convulsent et que la nature succombe sous une poitrine, dans une impuissante pâmoison, que les yeux restent blancs et sans prunelles comme ceux d'une statue dont on a la raideur et l'inertie, n'avait-elle pas senti confusément qu'en sombrant ainsi dans la vie aux bras de ceux qui ne pouvaient l'en rassasier d'une goutte de plus, il y avait une dernière étreinte impossible comme celle de Somegod, les mains étendues vers les horizons infinis?... Peut-être... car elle lui tendit la main. Mais il ne la prit pas. Son esprit s'était perdu sur les vagues et roulait avec elles vers les grèves, étincelantes de l'écume du flot et des coquillages frappés des rayons de la lune.

Le mélancolique récit du Poète avait-il réveillé en elle ces cordes assoupies depuis quelques jours ? Il faut si peu à ces âmes mobiles et précipitées qui ne jettent l'ancre nulle part, pour dériver sur le flot où elle s'était arrêtée plus languissante.

— « O Altaï ! — dit-elle avec une voix plaintive, — as-tu entendu ce que Somegod a dit de toi ? O le plus grand malheureux de nous trois, c'est toi qui as apaisé Somegod ! — c'est toi qui veux relever Amaïdée ! Quel es-tu, le Poète le sait-il ? Je le conjurerais de me l'apprendre, puisque toi dont la parole est si pleine de charmes, tu dédaignes de parler de toi. As-tu aussi au cœur quelque passion qui ait absorbé toute ta vie et qui rende impossible l'amour ? »

Altaï répondit après un silence :

— « Ne me demande pas ce que je suis, Amaïdée. Je te le dirais peut-être, si tu ne m'aimais pas. Je te le dirai sans doute, si alors tu tiens encore à le savoir, le jour que tu auras cessé de m'aimer.

— Cesser de t'aimer ? — lui dit-elle. — O Altaï ! pourquoi donc m'affliges-tu toujours ?

Tu me méprises, je le vois bien. Ton orgueilleuse vertu a ramassé une courtisane dans les sentiers impurs où elle marchait, mais pour toi comme pour les moins pitoyables d'entre les hommes, cette courtisane était indélébilement flétrie... » Et l'altération de sa voix ne lui permit pas d'en dire davantage. Son passé lui revenait en mémoire, et quand la Destinée nous abat, il est bien terrible de trouver dans ce passé une justification de la Destinée et l'absolution de la Douleur!

— « Tu es injuste, Amaïdée, — reprit Altaï avec son accent profond et calme. — Tu sais bien que je n'ai jamais pensé ce que tu dis. Te mépriser? Et pourquoi, pauvre créature? Ne m'as-tu pas dit que l'éducation n'avait pas orné ta jeunesse? que les enivrements de ta vie ne pouvaient étouffer le remords du vice, la honte de ton abaissement? Des mille pudeurs de la femme, ton front qui rougissait dans tes aveux n'en avait désappris aucune. Mais, à ta place, ô mon enfant! toutes les femmes auraient succombé; elles auraient souillé jusqu'à l'âme. Toi, tu n'as prostitué que le corps. Non! je ne te méprise pas; je t'estime encore comme un précieux fragment échappé à la fureur d'hommes grossiers. Guéris-toi de cette passion qui n'est pas même profonde, et tu deviendras ma sœur. Le veux-tu ?... »

. . . .
. . . .
. . . .

Le temps marchait cependant. L'automne venait. La vie, qui, pour Somegod, n'était que le mouvement général du monde répercuté fortement en lui avec tous les tableaux qu'il entraînait, la vie, pour lui, était variée. Le côté humain des amants et des poètes, les pieds d'argile de la statue d'or, c'est l'ennui, l'ennui qui n'achève pas et se détourne, dédain stérilement avorté. Mais Somegod n'avait pas cette grande inégalité dans sa nature, coulée d'un seul jet des mains de Dieu! Second terme d'une proportion divine dont la Création était le premier, il était passif quoique agité dans son génie. Les choses devaient lui imposer éternellement l'extase, ou Dieu aurait brisé le monde avant lui.

Mais pour les deux hôtes de Somegod, la vie devait être plus uniforme, plus immobile. Ils n'avaient pas le poème de la Création à chanter intérieurement et sans cesse dans leur âme. Pan n'était pas leur Dieu. En vain Somegod, à la prière d'Altaï, avait essayé d'initier Amaïdée aux mystères qu'il comprenait si bien, aux fêtes solitaires de la Nature. La femme nerveuse avait trop vécu dans le fini pour sympathiser avec ces grands spectacles, pour être longtemps accessible à ces simples inspirations. Quand elle avait promené sur la grève, ramassé au flanc des falaises quelques fleurs dont Altaï lui expliquait les secrètes origines, lavé ses pieds dans l'eau laissée par la mer dans la crevasse d'un rocher et tressé ses cheveux sur sa tête, elle s'abandonnait avec inertie au cours des heures. Hélas ! toujours elle avait été aussi oisive, mais sur les divans où elle avait passé ses jours dans le lazzaronisme du plaisir, elle n'avait pas besoin de résister à cette mollesse qui l'engourdissait en la touchant. Aujourd'hui, elle avait peine à se plier à cette existence dépouillée et rude qui frappait ses délicatesses comme un vent acéré et froid. Elle était malade de civilisation.

Souvent Altaï la prenait avec lui, et laissant le Poète dans sa rustique demeure, ils allaient errer aux environs. Ils revenaient après de longues heures, fatigués, brûlés du soleil, se traînant à peine. Que s'étaient-ils dit dans ces courses? Amaïdée était plus abattue, son œil plus vague, sa bouche plus dégoûtée, son front plus ennuyé. Mais Altaï ne changeait pas ; il avait toujours cette sérénité désespérante, ce front et ces yeux usés de bonne heure et où il ne restait plus de place que pour le génie. Rien ne vainquait cette patience sublime. Elle le mettait en dehors de l'existence. Il ne passait point de l'intérêt à l'ennui comme les autres hommes, comme Amaïdée. Seulement, si l'ennui lui manquait, nul intérêt ne le soutenait non plus.

Si Altaï avait appris qu'un pêcheur fût malade ou dans la détresse, il allait le visiter avec Amaïdée, et ils lui prodiguaient tous les deux les secours dont il avait besoin. Il aimait à voir cette femme, qu'il voulait relever par les jouissances idéales et vertueuses des abaissements du passé, se passionner divinement à faire le bien. Mais le seuil passé, les larmes qui avaient resplendi dans les yeux de la femme se séchaient sous je ne sais quel souffle aride qui effaçait la larme répandue, mais qui n'en tarissait pas la source. Chez cette âme bonne et énervée, les joies de la vertu n'avaient pas plus de durée que le troublant bonheur des passions, et elle était toujours apte à les éprouver de nouveau quand déjà, déjà et si vite, voici qu'elle ne les éprouvait plus !

Un jour, le Philosophe dit au Poète :

— « J'avais raison, ô Somegod ! d'être impie à l'espérance. L'effort que je demandais à Amaïdée était trop fort pour elle. On ne relève pas une femme tombée, et toujours la chute est mortelle. Amaïdée s'est enfuie ce matin.

— Enfuie ? — dit Somegod.

— Oui ! enfuie, — reprit Altaï. — Elle n'aurait pas même eu le triste courage de me dire en face : « Je vais vous quitter. » — Ne la condamne point, mon ami ; elle a obéi à sa nature. C'est pour ceux qui n'ont jamais vécu de la vie de l'âme qu'il y a une fatalité ! Maintenant, l'action voulue par moi est achevée ; l'avortement de mon dessein est accompli. Ce n'est point une femme corrompue ; elle a des larmes et des rougeurs ; elle se dévouerait encore si elle pouvait aimer. Mais l'amour qu'elle éprouve est inerme et rapide, comme sa volonté, impuissant. Tu vois, elle disait qu'elle m'aimait, et c'était vrai ; voilà pourquoi elle était venue! Mais cet amour s'est usé en quelques mois, trame précieuse employée à trop d'usages pour pouvoir résister longtemps. Cette vie nouvelle que je lui créais ne l'a retenue que parce qu'elle lui était nouvelle. Mais cette vie s'adressait trop à des facultés qui ne s'étaient jamais éveillées dans son âme, qui y étaient mortes en germe sous les affadissements de la volupté, pour que bientôt elle ne s'en détachât pas. »

En achevant ces calmes paroles, Altaï tendit une lettre à Somegod. Celui-ci la prit et la lut sous les rouges rayons du couchant, qui semblait se dépouiller de sa toison de pourpre pour revêtir la terre, magnifique charité d'un beau ciel aux obscurités d'ici-bas!

« Quand tu liras cette lettre, ô Altaï! je serai
« partie. J'aurai regagné les villes d'où je viens.
« M'accuseras-tu, toi que j'ai aimé et qui ne m'as
« pas aimée, toi, le seul homme de la terre dont
« je redoutasse le mépris? Hélas! si tu m'avais
« aimée, j'aurais oublié la vie écoulée, je serais
« peut-être devenue forte comme toi, j'aurais
« peut-être résisté au calme étrange de la solitude
« dans laquelle tu m'avais déposée. Cela m'a

« manqué, Altaï ; je le dis avec tristesse, mais
« sans larmes. Je ne pleure pas en m'éloignant
« de toi.

« Mais seule ! Mais avec toi, mais avec Some-
« god, mais seule quoique avec tous deux, oh !
« la vie était impossible. Je ne vous ressemble
« pas : à peine si je vous comprends. Vous, vous
« passez les jours à parler de Dieu et de l'âme,
« faisant avec la vie comme ce Grec dont tu
« m'as raconté l'histoire faisait avec la coupe de
« ciguë qu'il tarissait d'une intrépide lenteur.
« Vous êtes là recueillis, austères, mais souriant
« bonnement à la faible femme que le monde
« insulte et condamne, et que vous, les sages, ne
« condamnez pas. — Je vous trouvai si beaux
« d'abord que je vous admirai et pris courage à
« vous entendre, vous demandant entre vous
« deux une place que je ne croyais pas quitter.
« Hélas ! l'esprit que vous aviez élevé en moi
« s'est bientôt évanoui et m'a abandonnée. Je
« ne puis avoir la majesté de votre attitude
« éternelle. Vous êtes trop grands. La Nature
« aussi, que Somegod adore, m'est demeurée
« inaccessible. Elle et vous ne pouvez vous
« emparer de ma misérable existence. Je ne

« demeure pas sur ces sommets et le moindre
« souffle me remporte.

« O toi, à qui rien n'échappe, ô Altaï! as-tu
« deviné que je partirais? Tu n'as jamais eu
« grand courage. Tu n'accueillais pas l'espé-
« rance que j'osais te donner, tu m'as toujours
« intérieurement méprisée, quoique ce mépris fût
« doux et bon! La Nature et vous, hommes
« incompréhensibles, ne me suffisaient déjà plus.
« Altaï, toi qui aurais pu t'emparer si violem-
« ment de tout mon être, toi qu'avoir vu grave et
« fier au milieu des autres hommes usés du frot-
« tement des caresses, m'attacha à toi comme si
« j'avais été jeune et enthousiaste, pourquoi as-tu
« replié sur ta poitrine ce bras qui aurait servi à
« me soutenir?... Hier, quand je regardais ces
« sveltes et brunes filles, les chevrières de la mon-
« tagne, après m'être assise sur le vase de cuivre
« où elles ont enfermé le lait écumant, voyais-tu
« que je m'ennuyais? Au sein de ce groupe de
« femmes jeunes, vigoureuses, de contours purs
« et arrêtés, sustentées de soleil et d'indépen-
« dance, cette généreuse nourriture qui les rend
« si fortes et si belles, n'as-tu pas senti la diffé-
« rence qui séparait de ces filles debout et à la

« tournure de guerrières la femme écrasée, assise
« devant elles, pâle, fatiguée, blessée cent fois à
« la même place, saignante de volupté sous la
« robe traînante comme d'une flèche que tu
« n'avais pu arracher? N'as-tu pas eu pitié de mes
« pâleurs? N'as-tu pas eu pitié de la main amai-
« grie qui soutenait ce front qui fut beau et où
« les souillures des lèvres et de l'existence ont
« effacé les mâles couleurs de la jeunesse? Hélas!
« je pensais que j'avais été comme ces jeunes
« filles, qui me regardaient sans comprendre com-
« ment on pouvait être en même temps jeune
« comme elles et d'une vieillesse qui n'était pas
« celle de leurs mères, et je pensais aux mon-
« tagnes du pays où je fus élevée, à ce Jura où je
« marchais nud-pieds, forte, belle, heureuse et
« pure. Ah! cette pensée était navrante. Ma jeu-
« nesse m'apparaissait comme un songe que je ne
« recommencerais pas. Tu ne pouvais pas me le
« rendre, mais me l'eusses-tu rendu, Altaï, que je
« l'aurais refusé! Tu me parlais de me purifier,
« mais tout le temps qu'on a un souvenir du
« passé, c'est la chose impossible. On ne voudrait
« pas, ô misérable! n'avoir pas existé comme on
« a vécu.

« Adieu donc, Altaï, adieu! Oublie-moi! Je
« ne t'écrirai point que je ne t'oublierai jamais,
« que t'importe !... Dans ta supériorité mysté-
« rieuse, n'es-tu pas détaché de tout? Ta bonté
« même n'est-elle pas un dédain plus profond que
« celui qui blesse? Ah! si tu avais été plus vul-
« gaire, peut-être serais-je restée auprès de toi.
« Ne m'eusses-tu pas aimée, du moins tu aurais
« eu une pitié que j'aurais comprise. Un autre
« que toi rirait des mollesses de mon âme, mais
« ton orgueil ne ressemble à celui de personne;
« aussi demeurerai-je vraie avec toi. Je retourne
« à ma vie errante. J'en suis lasse et je ne saurais
« m'en passer. J'y retourne, non point rapide-
« ment et le cœur palpitant comme il arrive
« quand on va rejoindre ce qu'on aime; je n'aime
« pas ce que je vais retrouver. Ah ! les hommes
« sont bien fous s'ils croient que c'est une passion
« qui décide toujours de la vie. Bien souvent
« l'ennui m'énervait plus douloureusement auprès
« de toi que les voluptés fades et grossières, sans
« charme pour les sens hébétés, mais ignoble-
« ment nécessaires au vide du cœur et de la vie. »

Somegod avait fini la lettre, cette lettre qui
venait d'apprendre à ces deux hommes que la

supériorité ne servait à rien ici-bas*, et que pour avoir action dans ce monde au nom de la Vertu même il fallait descendre, amère vérité qui écrasait douloureusement l'esprit du Philosophe et qui glissa sur celui du Poète. Le soleil venait de tomber dans la mer incendiée de ses feux. Les brises apportaient ce parfum caché dans les vagues, frais et pénétrant et ineffable, digne de la végétation inconnue du fond des eaux. Les goëlands criaient sur les pics des brisants, et le ciel, chargé de nuages amarantes et orangés vers les bords, semblait folâtrer avec les flots. — Ce spectacle avait emporté l'esprit de Somegod. Le sublime enfant venait d'oublier la désespérante vérité dont il avait entrevu la lueur. Altaï, qui respectait la Poésie comme une fille de Dieu, ne le tira pas de sa contemplation silencieuse. Tel qu'un homme dont la sandale est plus usée que le courage, il descendit la falaise, sans abatte-

---

* Quand il écrivit ces pages, l'auteur ignorait tout de la vie. L'âme très enivrée alors de ses lectures et de ses rêves, il demandait aux efforts de l'orgueil humain ce que seuls peuvent et pourront éternellement — il l'a su depuis — deux pauvres morceaux de bois mis en croix.

Jeudi saint, 18 avril 1889.

J. B. d'A.

ment au front et appuyé, comme un Roi antique, sur son bâton de voyageur. Il était déjà loin, quand Somegod retourna la tête. Le Poète se pencha sur une pierre de la falaise, coupée à pic de ce côté, et il le vit qui s'en allait le long du rivage. Il ne l'appela pas pour lui demander où il allait, — il le savait sans doute. Mais pour la première fois de sa vie il regardait cet homme qui s'éloignait avec l'admiration que lui inspirait ordinairement la Nature.

Depuis ce jour, Somegod est seul sur la pierre de sa porte au soir.

Achevé d'imprimer

le quinze janvier mil huit cent quatre-vingt-dix

PAR

ALPHONSE LEMERRE

25, RUE DES GRANDS-AUGUSTINS, 25

A PARIS

www.ingramcontent.com/pod-product-compliance
Lightning Source LLC
LaVergne TN
LVHW050558090426
835512LV00008B/1219